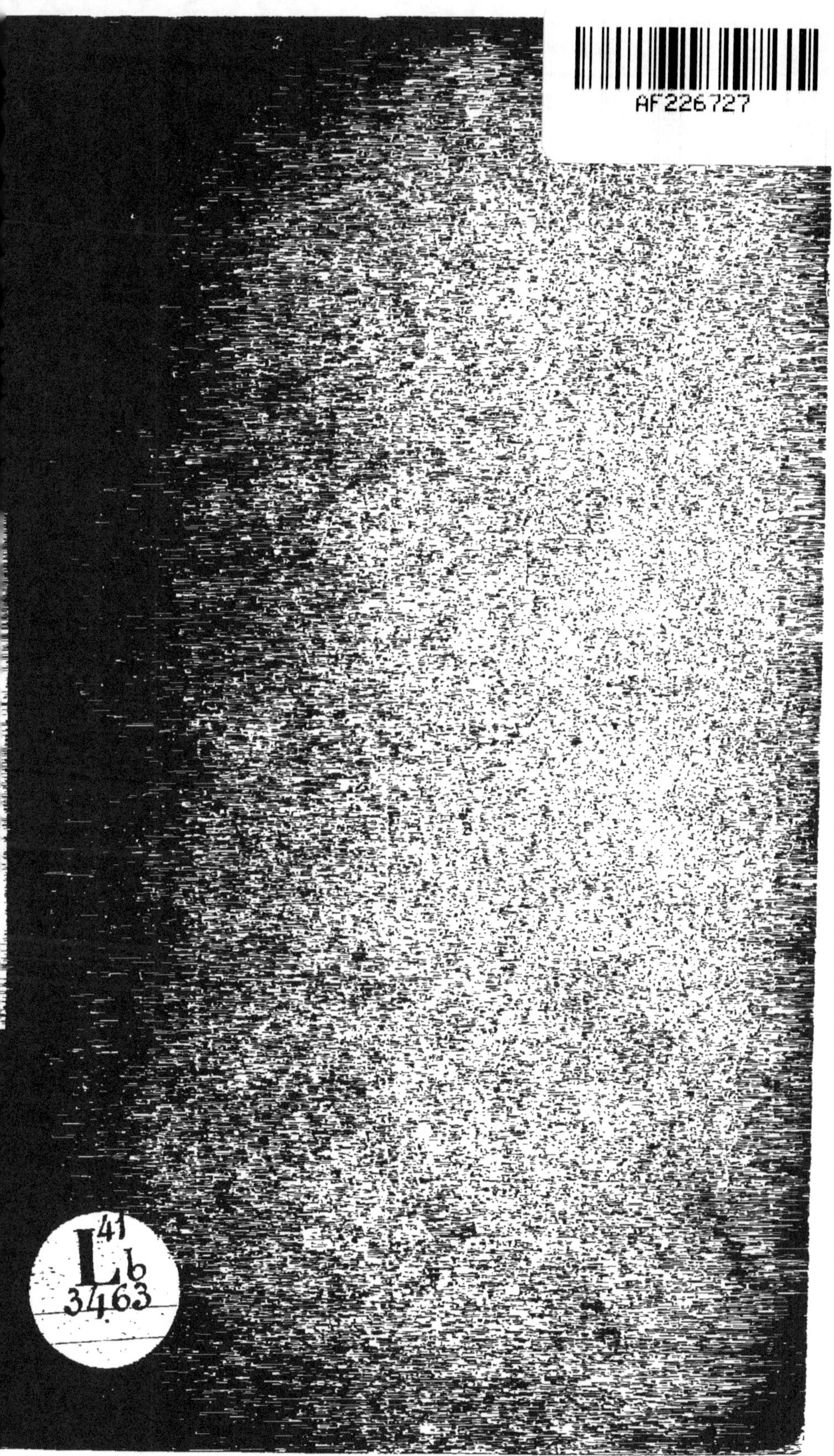

RÉCIT

DE

LA TRANSLATION

DE

LOUIS-PHILIPPE-JOSEPH DUC D'ORLÉANS.

PARIS, IMPRIMERIE DE GAULTIER-LAGUIONIE,
HÔTEL DES FERMES.

RÉCIT

DE

LA TRANSLATION

DE LOUIS - PHILIPPE - JOSEPH

DUC D'ORLÉANS,

DES PRISONS DE MARSEILLE

A LA CONCIERGERIE DE PARIS, EN 1793;

PAR LOUIS - FRANÇOIS GAMACHE (1).

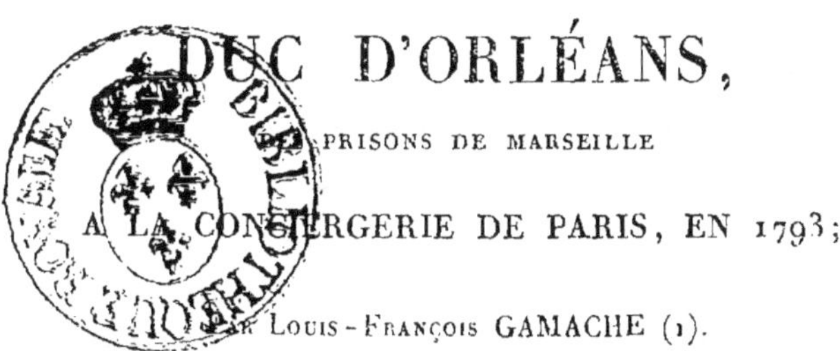

Mgr. le Duc d'Orléans savait quelques jours
avant son départ de Marseille que des commissaires étaient en route pour venir le chercher et le conduire à Paris ; il paraissait content
de ce que sa captivité allait cesser , ainsi
que celle de ses enfans. Je devais revenir les
chercher à Marseille , après avoir accompagné
leur père à Paris. Mais ce n'était qu'un projet
de notre part, car on ignorait entièrement ce qui
se passait dans la capitale.

---

(1) C'est lui dont M. le duc de Montpensier parle avec
éloge dans ses Mémoires ; il donna en effet à ce jeune Prince ,
pendant sa captivité, les plus honorables preuves de zèle et
de dévouement. Il est aujourd'hui concierge du jardin de
Mousseaux.

Les commissaires arrivèrent le 20 octobre, et se présentèrent à Monseigneur le Duc d'Orléans, en lui disant qu'ils étaient envoyés par le Comité de salut public pour le chercher et l'accompagner à Paris ; qu'ils resteraient deux jours à Marseille afin de le laisser plus long-temps avec ses enfans.

Monseigneur sortit du fort Saint-Jean le 22 octobre, après avoir embrassé ses deux fils. On ne peut se rappeler cette séparation, sans éprouver le sentiment le plus pénible, puisque ces illustres captifs ne se revirent jamais.

La voiture était escortée par la gendarmerie. Quand le Prince fut arrivé à Aix, il demanda aux commissaires s'il n'était pas possible d'éloigner cette troupe, attendu qu'il se croyait parfaitement en sûreté au milieu d'eux, et qu'il n'avait aucune inquiétude. Les commissaires furent très-flattés de ce que le Prince venait de leur dire, et lui répondirent qu'ils éviteraient tout ce qui pourrait lui déplaire ; les gendarmes furent congédiés. Le Prince fut ce jour-là coucher à Orgon. On partait de grand matin et on arrivait de bonne heure ; les commissaires ne permettaient pas qu'on fît un pas sans eux.

Avant d'arriver à Auxerre, nous rencontrâmes, dans la plaine, la guillotine ambulante, accompagnée d'une bande de brigands, revêtus du costume le plus effroyable ; cependant ils ne nous dirent rien. Ils allaient à Lyon.

Arrivé à la Cour de France, le Prince descendit pour dîner ; pendant qu'on préparait le repas, je m'aperçus que le commissaire avait écrit une lettre dans un cabinet et l'avait expédiée par un postillon ; j'en prévins aussitôt le Prince, et Son Altesse pensa que cette lettre n'avait d'autre but que d'annoncer son arrivée. Cela s'est trouvé vrai. Nous partîmes pour Paris aussitôt que le dîner fut fini. En passant dans la rue Saint-Victor, un individu fit arrêter la voiture et monta dedans, c'était le sieur Simonin (1), commissaire de la conciergerie. Il fit conduire la voiture dans la cour du Palais de justice que nous trouvâmes remplie de curieux : ils ne nous dirent rien, et se contentèrent de nous regarder. Le Prince, étant descendu de voiture, fut conduit dans cet horrible séjour, d'où il n'est sorti que pour aller à la mort. Quant à moi, qu'on ne voulait pas perdre de vue, on me mit dans une petite chambre, à côté du logement du concierge.

Je demandai au commissaire la permission de sortir pour aller chercher nos effets qui étaient dans la voiture. Cette permission me fut accordée ; on me fit accompagner par deux gendarmes et on fit venir des hommes de peine pour

---

(1) Le sieur Simonin a été condamné à mort et exécuté six semaines après. Il était dur, et très-souvent il n'était pas d'accord avec ses collègues.

porter les paquets. En rentrant pour la seconde fois, j'entendis le guichetier dire aux gendarmes : « tu ne laisseras plus sortir le citoyen ; ce « qui est bon à prendre est bon à garder. » — Je lui fis observer que nous n'avions pas fini, qu'il y avait encore des paquets à aller chercher ; il me répondit avec le ton le plus dur : « on te les en- « verra plus tard. » Nous n'avons jamais rien vu de ces objets : c'était du tabac à fumer, et autres petites choses de peu de valeur : on me reconduisit à ma chambre, et je demandai au commissaire la permission d'aller rejoindre le *citoyen d'Orléans*, en disant que, depuis son arrestation, j'avais toujours été auprès de lui, et que je ne voyais aucun inconvénient à ce que j'y retournasse. Je fus brusquement refusé. Ce refus me fit plus de peine que lorsqu'on me dit à la porte que je ne pourrais plus sortir.

Il y avait dans la chambre du Prince les deux commissaires Macheret et Picot (1) qui l'avaient amené à Paris, deux autres individus et le commissaire à qui je venais de parler. Après avoir terminé le procès-verbal, ils sortirent tous, et le commissaire avec lequel j'avais eu l'alterca-

---

(1) Le sieur Macheret était un homme du commun, protégé par le Comité de salut public ; en 1794, il était adjudant de l'armée de la République dans la Vendée, où il a commis des cruautés sans nombre. Le sieur Picot était un ancien recruteur sur le Pont-Neuf, et il est mort la même année.

tion me dit en sortant : « tu peux entrer main-
« tenant. »

En entrant dans la chambre du Prince, Son
Altesse me dit : « Il paraît qu'on a fait des dif-
« ficultés pour vous laisser entrer, mon cher
« Gamache, j'aurais été bien fâché que nous
« fussions séparés. » — « Et moi aussi, citoyen (1),
« j'ai fait tout ce que j'ai pu pour vous rejoindre
« et ne pas vous quitter. » — « Je vous remercie,
« Gamache, il faut espérer que nous ne serons
« pas toujours en prison. »

Étant seul avec moi, le Prince me témoignait
tant de bonté, que je ne craignis pas de lui
exprimer le chagrin que j'éprouvais de le voir
traiter de la sorte ; Son Altesse fut sensible
aux sentimens que je lui exprimais, et me dit
qu'elle voulait écrire à ses enfans, mais qu'elle
craignait que les lettres ne fussent, comme à
Marseille, décachetées et lues par les commissaires avant d'être mises à la poste (2). « Je le crois
« aussi, citoyen, » lui répondis-je, « on est
« encore plus sévère ici qu'au fort Saint-Jean ;
« à peine obtient-on une réponse de ceux à qui
« on adresse la parole. »

Nous entendîmes du bruit dans le corridor ; on

---

(1) Malgré la répugnance que j'éprouvais à prononcer ce
mot *citoyen*, j'y étais obligé par la force des événemens.

(2) D'ailleurs, il n'y avait dans la prison ni papier ni plumes,
et il était impossible de s'en procurer.

parvint à ouvrir la porte , après avoir essayé toutes les clefs du trousseau. Que le temps nous semble long, quand nous sommes dans l'attente de ce qui va nous arriver dans un pareil séjour ! Le Prince ne s'attendait pas à une visite aussi désagréable. C'était un officier de gendarmerie avec deux hommes qu'il mit en faction dans la chambre , et quoiqu'ils parlassent très-bas, nous entendîmes la consigne qui était de ne pas nous adresser la parole, et de ne répondre à aucune des questions que nous pourrions leur faire.

J'étais auprès du Prince qui me dit : « Ce sont « des mouchards qu'on met dans notre chambre. » Ces factionnaires étaient relevés toutes les deux heures , la nuit comme le jour. La chambre était petite et nous avions nos deux lits de sangle qui tenaient beaucoup de place.

Le Prince , étant fatigué , demanda , sur les huit heures , un peu de légumes pour notre souper et nous nous couchâmes, ayant toute la nuit deux hommes qui se promenaient de long en large dans la chambre. Monseigneur demandait le matin au restaurateur ce qu'il voulait pour son dîner : on l'apportait à deux heures, et après le dîner, ne sachant plus que faire, nous faisions une partie de piquet. Le concierge nous a quelquefois prêté des livres, et des factionnaires, moins sévères que d'autres, nous laissaient un peu plus libres, en se retirant près de la fenêtre.

Le mardi, dans l'après-midi , on prévint Monseigneur qu'il serait interrogé dans la soirée, et on vint le chercher à huit heures. Il fut de retour à neuf, et il se coucha après avoir soupé. Le Prince fut agité toute la nuit, et il me dit en se levant qu'il voulait déjeûner de bonne heure, parce qu'il devait paraître au tribunal. Je lui fis frire des pommes de terre qu'il aimait beaucoup : j'étais bien éloigné de croire que c'était le dernier repas que je lui préparais.

A neuf heures, M. Voidel vint voir Monseigneur : (c'était son défenseur). Il était dans les meilleures dispositions, et croyait le Prince sauvé, à ce qu'il disait ; mais malheureusement il était condamné avant que de paraître au tribunal (1).

____

(1) Le lendemain de l'arrivée de Monseigneur, qui était le samedi 2 novembre, ma femme fit toutes les démarches pour me voir et cela lui fut impossible ; elle s'adressa à un officier de gendarmerie, qui lui demanda ce qu'elle voulait ; elle lui répondit qu'elle désirait parler à Fouquier-Tinville. Cet officier eut la complaisance de la conduire auprès de lui. Arrivée auprès de cet homme farouche (l'accusateur public au tribunal révolutionnaire), elle lui fit quelques questions sur mon sort ; il lui demanda son âge : « Vingt-deux ans, » répondit-elle. « A ton » âge, un mari de perdu, cent de retrouvés. » Après une telle réponse, ma femme se mit à fondre en larmes. Fouquier-Tinville resta un moment en réflexions, prit la plume, écrivit pendant près de deux minutes et lui dit : « Écoute ; d'Orléans » mourra mercredi, et je ferai ce que je pourrai pour te ren- » dre ton mari. » Voilà les paroles consolantes de ce bourreau, et il est facile de voir que le procès du Prince n'était qu'une simple formalité, et qu'il était condamné avant d'arriver à Paris.

A dix heures, l'officier de gendarmerie et le commissaire vinrent chercher le Prince et l'invitèrent à laisser sa montre et son porte feuille, en lui disant qu'en passant dans la foule, il pourrait être volé. (Ils étaient eux-mêmes les voleurs.) Monseigneur me donna les deux objets en me regardant ; il était agité, et moi je tremblais ; c'était une défaite que l'officier donnait ; il savait bien que les objets leur reviendraient, et leur conduite vint à l'appui de la fatale prédiction de Fouquier-Tinville.

Étant resté seul enfermé, ne pouvant parler à qui que ce soit, et ne sachant rien de tout ce qui se passait au-dehors, j'étais bien loin de croire au malheur qui allait arriver. Il était près de deux heures, je fis demander le dîner et je fus obligé de renouveler ma demande à plusieurs reprises. Je demandai au garçon de la prison quelle était la raison pour laquelle le dîner avait été si long-temps à venir ; il me répondit que le citoyen Orléans serait jugé sans désemparer, et il s'en alla. Je mis le dîner sur le poële pour le tenir chaud.

J'ai su, après être sorti de la conciergerie, que Monseigneur avait été jugé avant deux heures, et que l'on ne voulait plus apporter le dîner, ne sachant à qui s'adresser pour être payé de ce repas (1).

____

(1) Il est bien vrai que, dans de pareils séjours, on ne fait

Il était environ trois heures, lorsque j'entendis du bruit dans le corridor ; je crus que c'était le Prince qui rentrait, mais c'était un gendarme et un garçon de la prison qui venaient me chercher. Ils me dirent : « viens avec nous. » Je croyais que c'était pour aller au tribunal , et je les suivis ; ils me menèrent dans un corridor noir, me firent entrer dans un endroit comme une voûte de cave. C'était un cachot. Il n'y avait aucune question à faire, on ne vous répondait pas : on me donna une lumière, en me disant : « tu vas rester là ; » et on ferma la porte. Me voilà en proie à toutes les réflexions les plus pénibles sur ce qui pouvait être arrivé au Prince dont on m'avait séparé ; et le mauvais traitement qu'on me faisait éprouver ne faisait qu'accroître les angoisses dans lesquelles j'étais déjà.

Sur les dix heures, j'entendis marcher , et je frappai à la porte pour demander le motif qui m'avait fait jeter dans ce cachot ; on me répondit qu'on ne pouvait me le dire , parce qu'on ne savait rien à cet égard. Un quart-d'heure après, on vint ouvrir la porte , pour me conduire à notre ancienne chambre , où , ne trouvant personne, mon inquiétude devint à son comble, et dès ce moment je craignis pour les jours de mon

crédit à personne , et qu'il faut toujours avoir la bourse à la main pour obtenir quelque chose. Heureusement que j'avais un peu d'argent, qui a servi à notre dépense.

excellent maître. Mes craintes ne se réalisèrent que trop, car, une demi-heure plus tard, j'appris la perte que je venais de faire. Des commissaires entrèrent dans la chambre, accompagnés d'hommes de peine, pour chercher les effets qui avaient appartenu au Prince, et ils prirent tout ce qu'il y avait dans la chambre. Comme ils portaient tout au greffe sans me rien dire, je leur demandai où était *le citoyen d'Orléans* : l'un des commissaires me répondit *qu'il n'y avait plus personne*, et que je n'avais plus de maître.

Il m'est difficile de faire le tableau de ce que j'éprouvai en apprenant une si cruelle nouvelle ; j'étouffais, je ne pouvais proférer un seul mot, et j'aurais voulu être anéanti, plutôt que d'être instruit d'un pareil malheur. Le concierge (1), qui était un excellent homme, et qui avait fait tous ses efforts pour adoucir notre position, fut le seul avec lequel je restai ; il me donna l'avis raisonnable de ne rien dire et me dit qu'il sentait bien le chagrin que je devais éprouver, mais que ce que je dirais ne ferait qu'aggraver mon sort ; qu'il valait mieux être prudent et sortir d'un lieu si épouvantable. Sur les dix heures, cet homme estimable vint me revoir pour me demander si j'avais besoin de quelque chose : je le remerciai en lui disant que je n'avais besoin de rien. Je lui

---

(1) M. Lebeau, mort en 1794, à Charenton, où il s'était retiré avec le peu de fortune qu'il possédait.

demandai pourquoi j'avais été mis dans un cachot; il me répondit que c'était par ordre des commissaires, dans la crainte que le citoyen Orléans ne me fît appeler, attendu que la chambre où il était après son jugement était contiguë à la mienne, et qu'il était défendu aux condamnés de PARLER à qui que ce soit, après leur jugement. « On vous a éloigné de cette chambre, me dit-il, » pendant qu'il y était, parce qu'il n'y a que les » confesseurs qui ont le droit d'y entrer et de » rester avec les condamnés jusqu'au moment de » leur départ. »

Je demandai au concierge ce qu'il pensait de ma situation, et ce qu'il croyait qu'on pouvait faire de moi. Il me répondit qu'il n'en savait rien, mais que mon sort dépendait beaucoup de Fouquier-Tinville; qu'il rentrerait sur les minuit et qu'il tâcherait de le voir, afin de lui parler de moi. A minuit et demi, il vint me dire qu'il allait me conduire au greffe et qu'on m'y donnerait ma sortie. Il me fit entrer dans une grande salle où il y avait plusieurs commis qui étaient très-occupés. C'était dans cet horrible endroit que se faisait la liste des victimes à sacrifier le lendemain. Cette salle représentait plutôt un tribunal de sang, que le sanctuaire de la justice. Je m'approchai de celui qui devait me donner ma sortie. Il me dit : « c'est toi qui » étais avec d'Orléans; c'est à toi qu'il a remis » sa montre ? » — « Oui, citoyen, la voilà ; je dé-

« sirerais bien, s'il était possible, avoir un reçu. »
— « Je vais te le donner, » me répondit-il, et
il me le donna en effet.

Voyant qu'il ne me parlait pas du portefeuille,
je le gardai et je l'ai conservé jusqu'au retour de
Leurs Altesses Royales ; j'ai eu le bonheur de
le présenter à Mademoiselle d'Orléans, à son
arrivée en France, comme un gage de ma fidélité.
Ce portefeuille ne contenait que trois assignats
de dix sous ; le Prince avait quelques gros assignats dans le nécessaire qui a été pris avec les
autres effets.

Quand ma sortie me fut accordée et qu'on m'eut
donné le reçu de la montre, je demandai au
commis s'il était possible d'obtenir les effets quï
m'appartenaient et qui avaient été pris avec ceux
du *citoyen Orléans* ; j'ajoutai que je ne possédais
absolument que ce que j'avais sur moi ; il me
répondit qu'il en était bien fâché, et que cela ne
le regardait pas ; que tout était au grèffe et
qu'on ne pouvait pas s'occuper de cela à présent.
Il me fut impossible de rien obtenir de ces objets
et ils ont été tous vendus, au Palais-Royal, avec
les effets du Prince

Je suis sorti de la conciergerie à une heure et
demie du matin, le cœur navré de douleur, et
regrettant bien sincèrement de ne plus être au
fort Saint-Jean.

GALERIE

HISTORIQUE ET CRITIQUE

DU

DIX-NEUVIÈME SIÈCLE

PARIS

IMPRIMERIE DE L. TINTERLIN ET Cie

RUE NEUVE-DES-BONS-ENFANTS, 3.

GALERIE

HISTORIQUE ET CRITIQUE

DU

DIX-NEUVIÈME SIÈCLE

LE GÉNÉRAL COMTE DE VEDEL

(Extrait du 1ᵉʳ volume.)

PARIS

AU BUREAU DE LA GALERIE HISTORIQUE

52, RUE LAFAYETTE.

1856

VEDEL

(DOMINIQUE-HONORÉ-ANTOINE-MARIE, COMTE DE)

GÉNÉRAL DE DIVISION, COMMANDEUR DE LA LÉGION D'HONNEUR,
CHEVALIER DE SAINT-LOUIS.

LE général comte de Vedel descend d'une vieille noblesse originaire de Saxe qui, établie en France au commencement du treizième siècle, remonte de source certaine à Pierre de Vedel, consul de Nîmes en l'année 1207. Fils de Pierre-Louis de Vedel, capitaine au régiment royal du Maine, le général de Vedel naquit à Monaco le 2 juillet 1773. Son père le fit figurer sur les contrôles de son régiment en 1784, et trois ans plus tard, à peine adolescent, le jeune de Vedel obtint un brevet de sous-lieutenant.

Lorsque la Révolution de 89 éclata, il se trouvait lieutenant; trois ans après, en 1792, il fut nommé capitaine. C'est dans ce dernier grade qu'il fit la campagne de l'armée du Nord, où il se distingua dans plusieurs circonstances, et particulièrement à l'affaire de Wirton.

Son régiment envoyé en Italie, Vedel fit la première campagne dans ce pays, où il sut assez se faire remarquer pour y recevoir le commandement d'une compagnie franche destinée pour la Corse, envahie par les Anglais. A son arrivée dans cette île, il fut appelé au commandement de toutes les compagnies franches, qu'il organisa complétement.

Investi pour la première fois d'un commandement supérieur, le capitaine Vedel, employé au siége de Calvi, y donna de nombreux témoignages de sa valeur et de ses talents militaires, en repoussant les assiégeants en plusieurs occasions. Peu de temps après, s'étant jeté avec quelques compagnies dans le fort Motzello dont la brèche était praticable et les batteries démontées, il soutint avec succès l'assaut dirigé par l'armée anglaise.

Grièvement blessé le 24 pluviose an II, il fut obligé de demander un congé pour rétablir sa santé gravement compromise par les fatigues de la guerre. Mais son repos ne fut pas de longue durée, et peu de temps après il rejoignait avec le grade d'adjudant-général, l'état-major-général de l'armée d'Italie. Il s'y conduisit brillamment, notamment au passage du Pô, à celui de l'Adda et aux combats de Lonato et de Salo, et fut chargé de plusieurs missions périlleuses; il venait de traverser seul la droite du Tyrol pour aller à la recherche de l'armée du général Augereau, lorsqu'à peine de retour à son corps, au passage de la Brenta, à la tête de quelques compagnies de hussards, il fit six cents prisonniers, s'empara du parc de réserve des Autrichiens, et pénétra un des premiers dans les villages de Feltre et de Bassano.

r écompense de sa belle conduite, il fut nommé

chef de bataillon à la 17e demi-brigade, 1er nivose an V. A la bataille de Rivoli, il reçut une blessure dangereuse à la tête, tandis qu'il enlevait à la baïonnette le poste important de la chapelle San-Marco. L'année suivante (an V), nommé colonel commandant une brigade, il fut encore blessé à plusieurs endroits, dans une charge exécutée par la division du général Grenier, et laissé pour mort sur le champ de bataille. Rétabli de ses blessures, il fut appelé au commandement de la 17e demi-brigade où il avait été chef de bataillon quelques années auparavant. Dans la campagne de 1805, faisant partie du corps d'armée du maréchal Lannes, il contribua puissamment à la prise de la ville d'Ulm, dans laquelle il pénétra avec seulement quatre compagnies de son régiment. Deux jours après, l'Empereur lui témoigna sa satisfaction et le nomma général. Après Austerlitz, où son régiment se battit avec succès contre cinq à six mille Russes, on lui confia le commandement d'une brigade dans la division Suchet.

En 1806, le général de Vedel se distingue encore dans les journées d'Iéna, de Pultusk, d'Eylau, d'Heilsberg, où il est blessé. Déjà à Pultusk il avait reçu une balle dans le genou et n'avait quitté le champ de bataille que lorsqu'un biscayen le renversa de cheval. Nommé peu après gouverneur de Marienbourg, il fit relever les fortifications de cette ancienne place, et l'approvisionna.

A peine remis de ses blessures, il rejoint alors la grande armée, et à Heilsberg, à la tête de deux régiments, il s'empare desredou tes vaillamment défendues par les Russes, et reçoit deux nouvelles blessures. Napoléon le complimenta pour ses brillantes charges exécutées à la tête de sa brigade, et le nomma comte, puis commandeur de la Légion d'honneur.

Cependant, après la paix de Tilsitt, le général de Vedel, sur sa demande, avait été chargé du commandement de la division du corps d'armée sous les ordres du général Duprat, envoyé en Espagne dans l'année 1808.

Cette mission fut pour le général de Vedel une source de malheurs, car il fut à sa suite impliqué dans la triste affaire de Baylen, comme accusé de complicité avec le général Dupont dans cette inexplicable et honteuse capitulation. Le mystère dont on a cherché à entourer les événements de Baylen, la disparition des pièces de la procédure, ont longtemps empêché la publicité de s'emparer de cette affaire présentée sous un aspect tout à fait contraire à la vérité, quant à ce qui regardait le général de Vedel. La suite a prouvé qu'il n'avait fait qu'obéir aux ordres de son supérieur, en consentant, comme l'a dit plus tard le comte Regnaud de Saint-Jean-d'Angély, *« à s'associer à la honte d'une défaite qu'il n'avait pas partagée. »*

Nous allons reproduire aussi sommairement que

possible l'histoire de ces événements, la part qu'y prit le général de Vedel, et détruire par l'exposé simple et véridique des faits les opinions erronées qui ont été émises jusqu'à ce jour sur l'affaire de Baylen.

Le 19 juin 1808, il reçut l'ordre du grand-duc de Berg, de se diriger sur l'Andalousie, par la Manche et la route de Pena-Perros à la tête de cinq mille hommes. Le général de Vedel, partit de Tolède, n'ayant qu'une batterie de onze pièces de canon. Il rencontra les Espagnols à Pena-Perros, les dispersa, s'empara de toute leur artillerie et prit position à Sainte-Hélène le soir même. A partir de ce moment jusqu'à celui où fut accomplie la capitulation, voici le récit succinct des opérations les plus importantes de M. de Vedel.

De Sainte-Hélène, où il était arrivé le 27 juin, il établit sa communication avec le général Dupont, qui, depuis, ne cessa d'être en rapport avec le général Vedel auquel il donna ses instructions chaque fois que les besoins du service l'exigèrent. Parti pour la Caroline afin de communiquer plus facilement avec le général en chef, M. de Vedel, d'après ses ordres, vint se placer provisoirement à Baylen, d'où il se porta le 15 sur Andujar, puis sur la Caroline qu'il quitta enfin le 19 juillet à une heure du matin, après avoir fait sa jonction avec les troupes du général Dufour, dès le 17, pour se diriger vers

Baylen. Ayant cessé à son arrivée à Guaraman d'entendre le bruit des coups de feu que le général Dupont échangeait avec l'ennemi, il se détermina à attendre le retour d'une reconnaissance envoyée sur Linarès, qu'il supposait être occupé par les Anglo-Espagnols. Cependant, il partit vers midi pour Baylen avec sa division après avoir ordonné au général Dufour de prendre position à Guaraman. Arrivé près des hauteurs de Baylen, il aperçut l'ennemi et se disposa à l'attaquer. Dans le temps qu'il faisait ses dispositions, on lui annonça deux officiers parlementaires, envoyés par le général ennemi Redding, pour le prévenir qu'il avait été conclu un armistice entre le général Dupont et lui. Le général de Vedel leur répondit de retourner vers leur général et de le prévenir qu'il allait attaquer. Ces officiers insistant, il se détermina à envoyer un de ses aides de camp, le chef de bataillon Meunier, près du général Redding, afin de s'assurer s'il était vrai qu'à l'instant même il y eût des officiers de l'état-major du général Dupont auprès du général commandant les troupes ennemies.

L'aide de camp n'étant pas revenu au bout d'une heure, le général de Vedel commença l'attaque. Il s'était déjà rendu maître des hauteurs de Baylen, avait fait déjà un grand nombre de prisonniers, avait pris deux pièces de canon et allait s'emparer de la position dite de l'Ermitage, lorsqu'un aide de camp du général Dupont vint lui apporter *l'ordre de dis-*

continuer le combat. Le général de Vedel crut devoir obéir à cette injonction d'un chef supérieur.

Tel est le récit exact de ce qui s'est passé. Le cadre restreint de cette notice ne nous a pas permis d'entrer dans de plus grands détails militaires sur cette malheureuse affaire. Cependant, dans le tome XVIII des *Victoires et conquêtes*, publié par M. Panckoucke, il est dit :

« *Que le général Dupont avait vu avec surprise et mécontentement l'arrivée de la division Vedel à Andujar, lorsqu'il ne demandait à ce général qu'un renfort de quelques bataillons. L'échec que venait d'éprouver le général Ligier-Belair, au gué de Mengibard, lui fit remarquer avec plus d'amertume encore la suite fâcheuse d'un mouvement aussi intempestif.* »

Puis, après l'énumération des principaux faits de la capitulation de Baylen, l'article se terminait par ces lignes : « Napoléon ordonna l'arrestation des généraux Dupont, Marescot et Vedel, à leur arrivée ; et ces trois officiers, sans avoir été d'ailleurs mis en jugement, restèrent détenus ou exilés dans l'intérieur de la France, jusqu'à la chute du gouvernement impérial. »

Un mémoire publié en 1823 par le général de Vedel, et qui a pour titre : *Précis des opérations militaires en Espagne, pendant les mois de juin et juillet 1808, avant la capitulation du général en chef Dupont à Baylen et Andujar*, répondit à ce qu'avançait le livre de M. Panckouke. Les difficultés que le général de Vedel avait eu à réunir les documents officiels qu'il joignait à son mémoire, documents originaux saisis lors de sa rentrée d'Espagne en France, et qui avaient disparu à la Restauration; ces difficultés, dis-je, à rassembler des pièces si précieuses, s'étaient opposées jusqu'en 1823, à la publication de ce mémoire que, sans nul doute, son auteur eût fait paraître plus tôt. « C'est un devoir sacré, comme l'a dit le général de Vedel dans sa préface, que m'imposent mon honneur et l'intérêt de mes enfants, je cède aux conseils, aux vœux de mes amis. »

Nous citerons donc les lignes suivantes en réponse au passage des *Victoires et Conquêtes* que nous avons reproduit plus haut. La justification de la conduite du général de Vedel, confirmée par sa réintégration dans son grade militaire en 1813, donne d'ailleurs beaucoup de poids aux extraits suivants que nous faisons de son Mémoire :

« 1° J'avais prévenu, dit M. de Vedel, le général en chef de ce mouvement, et il lui était facile de m'envoyer contre-ordre en route, s'il le désapprouvait ;

« 2° Il est peu probable que le général en chef, qui se trouvait à Andujar, ait pu prévoir dès le matin que l'échec éprouvé au gué de Mengibard, dans la soirée du 16, lui donnerait occasion *de remarquer avec plus d'amertume les suites fâcheuses d'un mouvement aussi intempestif;*

« 3° Le général en chef pouvait, au moment où une partie des forces qui l'avaient attaqué se portaient à notre vue dans la direction de Mengibard, profiter de cette dispersion pour attaquer l'ennemi, qu'il avait en présence, ou, suivant les instructions du grand-duc de Berg, que je lui avais transmises précédemment, opérer sa retraite sur Baylen et s'y concentrer. »

Plus loin, le général Dupont donne encore des ordres au général de Vedel, ordres qu'il dément devant la commission militaire qui le jugea ainsi que le général de Védel. Or, les dispositions prises par le général Dupont n'étaient pas dictées par la prudence, puisqu'il a refusé de les reconnaître pendant l'instruction de son procès.

Rentré en France, le général de Vedel fut arrêté et traduit devant un conseil d'enquête, comme accusé de complicité avec le général Dupont. En même temps, on saisissait tous ses papiers à son débarquement.

Son attitude devant ses juges fut noble et ferme ; il leur fit entendre un langage plein de franchise qui aurait dû nécessairement les émouvoir s'ils eussent été moins prévenus.

Un mois après son interrogatoire, le 15 mars 1809, avant que rien n'eût transpiré et sans prévoir l'opinion de ses juges, le général de Vedel écrivit, de la maison de l'Abbaye, au duc de Montébello, si bon juge en fait d'honneur et de bravoure militaires, la lettre suivante que nous reproduisons entièrement, parce qu'elle jette une vive lumière sur l'affaire de Baylen et que son ton de modération et de loyauté militaire honore le général de Vedel :

A SON EXCELLENCE LE DUC DE MONTÉBELLO, MARÉCHAL DE L'EMPIRE.

« Monseigneur,

« Malgré que l'intrigue ne cesse de s'agiter contre moi, je ne cesse d'espérer en la justice de notre auguste souverain. Aussi ferme dans mes principes que dans mon attachement à sa personne, j'attends tout du temps qui doit éclairer ma conduite. Ceux qui ont cherché à me nuire, avaient cru trouver en moi moins de fermeté, moins de confiance dans mes moyens de justification....

« Votre excellence doit être convaincue que dans aucune circonstance je n'ai manqué ni de zèle, ni de bonne volonté pour le service de Sa Majesté, et que si je n'ai pas été aussi heureux que je devais l'être dans la campagne d'Andalousie, la faute ne peut en être attribuée qu'à la fortune, et, peut-être, à l'irrésolution du général en chef, qui, non content d'avoir paralysé mes troupes, les a entraînées, par des ordres impérieux et positifs, dans le plus grand des malheurs. S'il s'était borné à agir ainsi que le lui commandaient les circonstances, il se serait dispensé de me donner des ordres, du moment où sa position critique le lui prescrivait. Alors, j'aurais agi d'après moi-même, et sans doute j'aurais réussi à rétablir la ommunication entre ses troupes et les miennes : peut-être, couvert de gloire, je n'en serais pas réduit aujourd'hui à la dure nécessité de rendre compte de ma conduite. Je n'aurais pas à gémir sur une détention dont je ne pourrai oublier l'adversité qu'autant que l'empereur reconnaîtra que je n'ai pas été coupable....

« Je venais d'obtenir de grands avantages sur l'armée ennemie, trois fois plus forte que ma division, et j'étais au moment d'en remporter de plus signalés encore, quand, au lieu de suivre le parti qu'indiquent toutes les lois militaires, dans la position où se trouvait le général en chef, je reçus de lui l'ordre de ne rien entreprendre contre l'ennemi, et cela sans me faire connaître sa véritable position et en me laissant par conséquent croire que c'était l'ennemi qui demandait des arrangements. Si j'avais pu concevoir le plus léger soupçon sur la véritable position des troupes du général en chef, j'aurais continué mon attaque et profité des avantages que je venais d'obtenir, persuadé que j'aurais été de mieux servir Sa Majesté.

« Ce ne fut que le lendemain que j'appris où en étaient le général en chef et ses troupes ; je lui fis alors proposer de faire un nouvel effort en attaquant l'ennemi des deux côtés à la fois ; le général en chef me fit dire qu'il ne pouvait rien espérer de ses troupes. Je le fis prévenir des mouvements que faisaient les ennemis pour tourner ma position. Il m'ordonna de profiter de la nuit pour faire ma retraite ; le plus difficile était fait, et je crois que dans cette même nuit, la majeure partie de ses troupes auraient aussi pu effectuer la leur par la montagne ; mais il fallait, pour y réussir, faire le sacrifice de l'artillerie et des équipages. Quand, le surlendemain du jour de l'attaque, je reçus à Sainte-Hélène deux ordres impérieux de m'arrêter partout où je serais, attendu que mes troupes étaient comprises dans la capitulation qui venait d'être conclue, on m'en laissa encore ignorer les conditions ; l'on me fit donc revenir à Guaraman, et là, seulement, dans une position où je ne pouvais plus reculer, l'on m'envoya un double de ce traité. Cette manière d'agir me parut très-irrégulière ; mais que pouvais-je faire contre un traité déjà conclu et arrêté ? Quel changement avantageux pour mes troupes avais-je à espérer ?.....

« Arrivé en France, l'on a sans doute cru pouvoir faire rejaillir sur moi les fautes de cette journée et me rendre responsable des événements malheureux qui l'ont suivie. Si j'ai quelques reproches à me faire, ils consistent *dans une obéissance peut-être trop passive,* de laquelle j'ai cru ne *pouvoir* ni ne *devoir* me dispenser ; le pouvais-je, en effet, et le général en chef n'est-il pas seul responsable des ordres qu'il a donnés ?...

« Les reproches qui me sont faits dans le premier rapport que j'ai vu de cette affaire, paraissent peser sur une trop longue halte à Guaraman. Avant d'arriver à ce village, j'appris qu'un corps ennemi s'était montré à Linarès ; j'y envoyai une reconnaissance et je fis faire halte à mes troupes, en avant de Guaraman ; elles en avaient besoin ; au bout d'une demiheure, trois quarts d'heure au plus, le feu cessa. Le feu ayant cessé, je crus pouvoir attendre, sans in-

convénient, le retour de la reconnaissance que j'avais
envoyée sur Linarès, avant de prendre la route de
Baylen, d'autant plus que ce retard ne pouvait être
long. Si, comme il était probable, un corps ennemi
avait occupé cette position, devais-je hasarder un
mouvement sans avoir mis les derrières à l'abri de
toute insulte et laisser ainsi couper la retraite à l'armée. Il est bien prouvé que, même sans faire halte à
Guaraman, je ne pouvais arriver à Baylen avant la
fin du combat, ni empêcher le général en chef de
faire sa trève, puisqu'il n'y avait pas plus de trois
quarts d'heure que j'étais à Guaraman quand le feu
cessa et que là, je n'étais qu'à mi-chemin de la Caroline à Baylen ; que, tout calcul fait de la distance
que j'avais à parcourir et du temps qu'il me fallait
pour arriver à Baylen, l'on peut facilement juger que
je ne pouvais y être rendu avant la fin du combat. Il
est bien évident que cela n'était pas en mon pouvoir.
C'est donc à d'autres circonstances que l'on doit at-
tribuer le malheur de cette journée. L'une d'elles,
est le retard de vingt-quatre heures, sans but appa-
rent, de la levée du camp d'Andujar, et aussi la
manière incroyable dont les troupes se sont trouvées
forcées de combattre les unes après les autres, au
point que l'ennemi n'a jamais eu deux mille hommes
réunis en sa présence ; cependant, un peu plus de
résolution lors de mon attaque aurait pu tout répa-
rer, les troupes du général en chef auraient pu faire
dans ce moment un dernier effort ; mais jugeant pro-
bablement mes troupes par celles qui venaient de
combattre sous lui, le général en chef n'a sans doute
pu se persuader que j'eusse pu réussir contre des

forces supérieures et qui venaient de le vaincre...

‹ Votre excellence, connaissant mon caractère, sentira facilement que dans mon interrogatoire, je n'ai pu, ni dû rien dire qui fût dans le cas de tourner à la charge de qui que ce soit; j'ai seulement rendu compte de ma conduite personnelle, parce que c'était sur cela que portaient les questions. Je n'ai pas dû aller au-delà, ni donner sur autrui des explications qui ne m'étaient pas demandées. Se pourrait-il que cette délicatesse et cette réserve me fussent nuisibles? Je ne dois pas le craindre; ma manière de voir n'aurait prescrit, dans tous les cas, plus de générosité que l'on n'en a mis à mon égard. . . . . . .

« ..... En rappelant à votre excellence les campagnes que j'ai eu le bonheur de faire sous ses ordres, j'oserai aussi lui témoigner combien il me peine d'en voir une nouvelle qui se prépare, et dans un lieu où j'ai eu tant de preuves de ses bontés, sans être assez heureux pour y être appelé : ces souvenirs, Monseigneur, en augmentant ma reconnaissance, me font sentir plus vivement l'état affreux de ma captivité.

« Je suis, Monseigneur, de votre excellence,

« Le très-humble et très-obéissant serviteur,

« LE GÉNÉRAL DE DIVISION, COMTE DE VEDEL. »

Le grand procureur général, le comte Regnaud de Saint-Jean-d'Angély, ne put s'empêcher de rendre hommage à la vérité dans la partie de son rapport en date du 10 août 1810, relative au général de Vedel; nous le citerons textuellement :

« Le général de Vedel,

« J'ai dit plus haut que le général Dupont lui re-
proche des fautes militaires, dont il se défend à son
tour par les lettres mêmes du général qui l'accuse (1).

« Peut-on imputer à crime au général de Vedel,
d'avoir cessé de combattre, le 19, sur l'ordre de son
général en chef?

« Peut-on lui imputer à crime d'avoir, d'après le
même ordre, rendu des prises, des canons enlevés
par ses soldats?

« Peut-on lui imputer à crime d'avoir consenti à
s'associer à la honte d'une défaite qu'il n'avait pas
partagée, et d'être revenu de Sainte-Hélène pour
mettre bas les armes à Jaën.

« Il s'excuse et se justifie en alléguant les droits de
l'autorité, les devoirs de la subordination, et compte
au nombre de ses sacrifices la résignation de son
obéissance.

« Je pense *qu'il ne peut être compris dans aucune
accusation.* »

Cependant, cette affaire devait se conclure sans
débats judiciaires publics. L'archi-chancelier Cam-
bacérès n'ayant pas admis la comparution des ac-

(1) Ces lettres, adressées le 21 par les généraux Legendre et
Dupont, au général Vedel, lui annonçaient comme déjà existant
un traité qui ne fut signé que le 22.

cusés devant une haute-cour, — parce qu'il n'existait pas même de législation qui en réglât entièrement l'organisation et l'action ; — conclut, à ce qu'il fût ordonné un conseil d'enquête, composé des grands personnages de l'État, lesquels ne rendraient pas de jugement, mais soumettraient à l'Empereur un avis d'après lequel il serait à même de prononcer en connaissance de cause.

Depuis plus de deux ans prisonnier, le général de Vedel comparut devant ses juges. Après les débats, voici les explications qu'il donna aux membres du conseil d'enquête dans la séance du 22 février 1812 :

« Messeigneurs,

« Il ne sied pas à un accusé de commencer par une apologie : j'oserai dire pourtant que mon nom et le mot trahison doivent paraître discordants à tout le monde. Servir mon souverain avec honneur et dévouement, fut mon premier devoir. Je l'ai rempli. Un autre devoir m'est imposé aujourd'hui, celui de m'expliquer avec franchise et vérité. Un soldat serait plus coupable qu'un autre, même pour défendre sa vie, de manquer à celui-là. Je promets sur l'honneur que je vais le remplir.

« Sur le premier fait, j'ai l'honneur de vous répéter, Messeigneurs, ce que j'ai déjà déclaré, qu'au moment où j'ai reçu l'ordre du général en chef, de ne point agir jusqu'à nouvel ordre contre l'ennemi, ainsi que le portait sa lettre du 19 juillet, je ne connaissais ni sa position, ni celle de ses troupes : c'était non général, il me donnait un ordre ; je devais, selon toutes les lois de la discipline militaire, obéir. J'ai obéi.

« Sur le second fait, je réponds, que par suite de la lettre précitée du général en chef, j'ai dû nécessairement cesser de combattre le 19 ; ayant l'intention d'entreprendre un mouvement rétrograde, et prévoyant que les prisonniers embarrasseraient ma marche, j'ai trouvé dans cette considération une raison de plus d'obéir, comme la discipline l'exigeait. aux ordres du général en chef, consignés dans sa lettre du 20.

« Sur le troisième fait, je déclare enfin qu'aussitôt après la réception de l'ordre que me donnait le général en chef de nous arrêter, moi et mes troupes, partout où cet ordre me trouverait, combattu entre ce que je regardais comme le devoir d'obéir, et cet instinct d'honneur naturel aux militaires français, qui me faisait éprouver un sentiment vraiment cruel en me considérant comme forcé de céder à l'ennemi. je convoquai les officiers généraux et supérieurs pour avoir leurs avis ; ils étaient, je crois, vingt-quatre. vingt opinèrent pour l'obéissance, quatre seulement différèrent d'opinion. Il n'existe pas de loi, ou du moins je n'en connais pas, qui permette à un général de division de ne pas obéir à son général en chef (1).

(1) Voici l'article du code pénal, du 21 brumaire an V, sur lequel s'appuyait le général de Vedel. Titre VIII, art. IX : « Tout militaire ou autre individu attaché à l'armée, qui, étant commandé pour marcher ou donner contre l'ennemi, ou pour tout autre service ordonné par le chef, en présence de l'ennemi et dans une affaire, aura formellement refusé d'obéir, sera puni de mort. »

Mes officiers étaient loin, comme on le voit, d'autoriser ma rébellion aux ordres du général. Je me résignai donc à regret, j'en conviens, mais avec la conviction profonde que je me rendrais coupable si j'en agissais autrement, et que je serais même sans excuse si, pour surcroît de malheur, l'événement prononçait contre moi ; je n'ai point fait dresser de procès-verbal, il est vrai, mais je ne serai pas démenti par mes compagnons d'armes. J'aurais dressé des procès-verbaux si la décision des officiers supérieurs avait été résolue pour la désobéissance, ils m'auraient semblé nécessaires alors pour expliquer ma conduite.

« Voilà, Messeigneurs, tout ce que j'ai à dire pour ma justification. C'est le langage simple et naïf d'un militaire incapable, non-seulement de trahir la confiance de son souverain, pour qui toujours il fut prêt à verser jusqu'à la dernière goutte de son sang, mais incapable même de trahir la vérité ! Je n'ajouterai plus qu'une seule réflexion générale. J'ai bien servi, j'ai été couvert de grâces, je serais plus coupable qu'un autre d'avoir menti à mes affections et à mes devoirs. Je n'ai plus ni vœux à former, ni craintes à éprouver, puisque c'est vous, Messeigneurs, qui serez mes juges.

Malgré ces paroles pleines de concision et de dignité, et nonobstant l'opinion favorable du grand procureur général, le conseil fut d'avis que le général de Vedel était passible des peines applicables au général Dupont. Cependant il le recommanda à la clémence impériale. Napoléon, qui voulait donner un exemple

aux chefs de l'armée, dépassa peut-être les bornes de
la sévérité, et prononça contre le général de Vedel,
par décret du 1er mars 1812, sa destitution du grade
de général, sa radiation des listes de la Légion
d'honneur. Et cependant, chose étrange, son titre de
comte lui fut conservé; et, justifiant pour ainsi dire
le général, l'Empereur, par un autre décret, en date
du 1er mai 1812, annulait officiellement la loi de discipline militaire qui l'avait forcé d'obéir aux ordres
de son supérieur.

Un an après, Napoléon, par un décret, lui rendait
ses titres et son grade et lui confiait le commandement d'une division de réserve de l'armée d'Italie.
N'était-ce pas reconnaître la non-culpabilité du général de Vedel? Celui-ci se justifia aux yeux de l'o-
pinion publique par ses actions bien mieux encore
que par ses paroles. Détaché avec quatre mille hommes de l'armée d'Italie pour porter des renforts à
celle de Lyon, il défendit le passage de la Durance et
combattit avec succès les Autrichiens à Romans.

Pendant la première Restauration, Louis XVIII,
par une ordonnance royale en date du 7 novembre
1814, annula la procédure qui avait jugé *tous les ac-
cusés* de l'affaire de Baylen. C'est alors que le général de Vedel redemanda à MM. Dambray et Portalis,
successivement gardes des sceaux, les pièces importantes qui lui avaient été saisies à son arrivée au La-
zaret de Marseille. Ces pièces, au nombre de cin-

quante-neuf, ne lui furent pas rendues. Elles avaient disparu. Plus tard, il put cependant réunir des preuves assez évidentes de sa non-culpabilité pour pouvoir publier le mémoire dont nous avons parlé, qui détruit les faits avancés dans les *Victoires et Conquêtes*.

Le général Dupont, ministre de la guerre, donnant lui-même un démenti aux accusations qu'il avait dirigées naguère contre le général de Vedel, le nomma inspecteur-général d'armes dans la 8ᵉ division militaire, chevalier de Saint-Louis, et bientôt après commandant en second de la 14ᵉ division, dont il devint commandant en chef pendant les Cent-Jours.

Au mois de juin 1815, il tenta de défendre la cause de Napoléon ; mais le Calvados s'étant déclaré en faveur des Bourbons, il se vit forcé de licencier ses troupes. Il avait eu cependant le temps de conserver à la France la ville et le port de Cherbourg, qui devaient être livrés aux Anglais. Peu de temps après il fut mis à la retraite.

Le général de Vedel mourut en 1849, regretté de tous les gens de bien qui avaient su apprécier la conduite et les talents militaires de ce vaillant soldat des guerres de la République et de l'Empire.

Son fils, M. le comte de Vedel, entré en 1834 dans les finances, comme surnuméraire, est aujourd'hui inspecteur de première classe.